ces huiles
j'en fais quoi ?

Pour des raisons de lisibilité, nous avons choisi d'écrire les marques déposées
avec une majuscule, sans les faire suivre du sigle ™.

# l'huile de pignons de pin

## j'en fais quoi ?

Une grande huile aromatique aux notes boisées, très subtile et légèrement sucrée. Indispensable pour préparer le pesto.

### À essayer :

- **Vinaigrette façon pistou** : bien mélanger ensemble 5 petites tomates séchées hachées finement, 10 feuilles de menthe ciselées, 2 gousses d'ail pelées et pressées, 5 cuil. à soupe d'huile de pignons de pin,1 cuil. à soupe de vinaigre de xérès, 50 g de parmesan râpé,1 cuil. à café de miel liquide.

- **Pistou à l'huile de pignons de pin** : mixer 1/2 bouquet de menthe, 1 bouquet de basilic, 2 gousses d'ail pelées, 3 cuil. à soupe de parmesan et 30 g de pignons de pin. Rajouter petit à petit 10 cl d'huile d'olive et 10 cl d'huile de pignons de pin.

# Taboulé tomate-concombre
## au goût d'orange et parfum de pignon

**Pour 4 personnes**
500 g de semoule de couscous moyenne
3 belles petites tomates fermes en grappe
1 concombre
7 oranges (dont 2 non traitées)
2 citrons (jus)
1/2 bouquet de persil frisé
1/2 bouquet de menthe
100 g de raisins secs blonds
4 cuil. à soupe d'huile de pignons de pin
Sel, poivre du moulin

**Préparation :** 20 min
**Repos au frais :** 1 nuit
+ 2 h le lendemain

- **La veille :** prélever le zeste de 2 oranges en prenant soin de laisser la partie blanche de la peau, couper les zestes obtenus en très fines lanières.
- Dans le fond d'un grand plat, déposer la semoule et verser dessus le jus de 5 oranges et des 2 citrons. Puis, y ajouter les zestes et les raisins secs. Mélanger le tout, recouvrir de film alimentaire et laisser reposer jusqu'au lendemain au réfrigérateur.
- **Le jour même :** détacher les grains de semoule avec les doigts. Ciseler finement le persil et la menthe.
- Couper en petits dés les tomates et le concombre pelé. Mélanger les dés de tomates et de concombre avec la semoule, le persil et la menthe ciselés.
- Saler, poivrer, ajouter l'huile de pignons de pin et bien mélanger.
- Laisser le taboulé au frais au moins 2 h avant de servir.

# Salade de champignons et céleri
## à l'huile de pignons de pin

**Pour 4 personnes**
250 g de champignons de Paris
2 branches tendres de céleri
1 cuil. à soupe de jus de citron
1 morceau de parmesan
15 cl d'huile de pignons de pin
1 cuil. à soupe de vinaigre balsamique
Sel, poivre du moulin

**Préparation :** 15 min

- Rincer les champignons, les essuyer et les émincer très finement ainsi que le céleri.
- Dans un récipient, fouetter ensemble l'huile de pignons de pin, le jus de citron, le vinaigre balsamique, du sel et du poivre.
- Ajouter les champignons et le céleri émincés. Mélanger.
- Transvaser la salade dans un plat.
- Goûter et rectifier l'assaisonnement. Couper des copeaux de parmesan à l'aide d'un couteau économe et les éparpiller sur la salade. Servir immédiatement.

# Verrines glacées de poivrons rouges
## à l'huile de pignons de pin

**Pour 4 personnes**
200 g de mascarpone
2 poivrons rouges
1 petit concombre
Quelques feuilles de basilic
Tabasco
2 cuil. à soupe d'huile d'olive
2 cuil. à soupe d'huile de pignons de pin
5 glaçons
Sel, poivre du moulin

**Pour le décor**
Quelques pignons de pin

**Préparation :** 25 min
**Cuisson :** 35 min
**Repos :** 30 min

- Préchauffer le four à 200 °C (th. 6-7).
- Mettre les poivrons entiers à cuire dans le four pendant 30 min. Dès qu'ils sont cuits, les déposer dans un sac en plastique. Attendre qu'ils refroidissent. Puis les couper en deux dans le sens de la longueur.
- Récupérer le jus qui s'écoule et le verser dans un mixeur. Jeter les graines et ôter la peau des poivrons. Ajouter leur pulpe dans le mixeur ainsi que l'huile d'olive, du Tabasco, les feuilles de basilic et les glaçons. Saler et poivrer. Mixer finement.
- Couper le concombre pelé en très petits dés. Les déposer dans une passoire et les recouvrir de 1/2 cuil. à café de sel pour les faire dégorger 30 min.
- Battre le mascarpone afin de l'assouplir. Incorporer l'huile de pignons de pin et les dés de concombre. Bien mélanger. Saler selon votre goût.
- Faire griller 3 min les pignons à la poêle sans matière grasse.
- Répartir le velouté glacé dans 4 verrines. Recouvrir de mascarpone parfumé.
- Décorer de pignons de pin grillés. Servir aussitôt.

---

## Astuce
- Achetez des poivrons rouges grillés en bocal, vous gagnerez du temps !

# Salade de feta aux framboises,
## huile de pignons de pin

**Pour 4 personnes**
100 g de feta
400 g de framboises
4 brins de coriandre
3 cuil. à soupe d'huile de pignons de pin
2 cuil. à soupe de vinaigre balsamique
Fleur de sel, poivre du moulin

**Pour le décor**
Quelques pignons de pin

**Préparation :** 10 min
**Repos au frais :** 2 h

- Laver les framboises, les égoutter sur du papier absorbant.
- Dans un saladier, mélanger délicatement les framboises avec la feta émiettée, l'huile de pignons de pin, le vinaigre balsamique, de la fleur de sel et du poivre.
- Couvrir d'un film alimentaire. Réserver au frais au moins 2 h avant de servir.
- Servir dans des verres transparents, parsemer de coriandre ciselée et de quelques pignons de pin grillés à sec.

# Et aussi...

## Tomates séchées à l'huile de pignons de pin

Ébouillanter 500 g de belles tomates. Les peler, les couper en quartiers et les épépiner. Les faire sécher de 2 à 3 h au four à basse température. Les mettre ensuite dans un bocal ébouillanté et séché. Ajouter quelques épices et herbes aromatiques. Couvrir d'huile de pignons de pin et fermer le bocal. Entreposer au réfrigérateur au moins 2 semaines avant consommation.

# Ça change tout !

- Faire macérer des petits **crottins de chèvre** secs quelques heures dans de l'huile de pignons de pin avec de la sarriette ou un autre aromate.

Un filet d'huile de pignons de pin parfumera avec subtilité :

- les potages, tels le **minestrone**
- une salade de **chou** ou d'**artichauts**, une salade chinoise aux **germes de soja**, une salade **tomate-mozzarella**, une salade **melon-avocat**, de la **mâche**, un tartare **tomate-concombre**
- une salade aux pignons ou un **avocat** en vinaigrette, associé à du jus de citron
- une **salade landaise**, une salade de **pois chiches** aux poulpes
- des **poivrons** grillés
- des **pâtes au pistou**
- un **sauté de porc**, une **côte de veau** grillée, un émincé de **blancs de poulet**
- des **cuisses de grenouille** sautées à l'ail
- des brochettes de **poisson grillé**, une nage de **crustacés**, des **gambas grillées**
- les **fromages de chèvre**, auxquels elle apporte une note de pain grillé extraordinaire
- un carpaccio de **mangue**.

# l'huile de noix de pécan

## j'en fais quoi ?

Une huile à forte personnalité, entre la noix et l'amande, à la fois suave et très goûteuse.

### À essayer :

- **Vinaigrettes d'exception** : cette huile magnifique remplacera facilement l'huile de noix dans toutes les vinaigrettes où cette dernière est employée (voir p. 59). Elle se marie en outre très bien avec le vinaigre balsamique, qui lui confère une touche d'acidité.

# Gratin de lentilles corail
## à l'huile de noix de pécan

**Pour 4 personnes**
150 g de lentilles corail
1 gros œuf
1 carotte
1 branche de céleri
1 oignon
1 échalote
1 gousse d'ail
2 cuil. à soupe de persil frisé ciselé
1 cuil. à café de curry en poudre
150 g de comté

3 cuil. à soupe d'huile d'olive
3 à 4 cuil. à soupe d'huile de noix
   de pécan
2 cuil. à soupe de graines de sésame
Sel, poivre du moulin

**Préparation :** 25 min
**Cuisson :** 1 h 05 min

- Préchauffer le four à 180 °C (th. 6).
- Éplucher la carotte, l'oignon, l'échalote et l'ail. Les hacher ainsi que le céleri.
- Dans une casserole, faire chauffer l'huile d'olive, ajouter le curry, l'oignon et l'échalote.
  Ajouter la carotte, le céleri, les lentilles, 45 cl d'eau et l'ail. Saler et poivrer. Couvrir,
  porter à ébullition, puis laisser frémir 20 min. L'eau doit être absorbée.
- Éteindre le feu, ajouter ensuite dans la casserole 3/4 du comté râpé, le persil ciselé
  et l'œuf battu. Rectifier l'assaisonnement si besoin.
- Huiler un plat allant au four, y verser la préparation. Parsemer de graines de sésame
  et du reste de comté râpé. Faire cuire au four environ 45 min.
- À la sortie du four, arroser d'huile de noix de pécan et déguster.

# Rillettes végétales
## au parfum de coriandre et de pécan

**Pour 4 personnes**
500 g de haricots secs
250 g de champignons de Paris
1 oignon
1 gousse d'ail
2 cuil. à soupe de coriandre ciselée
2 cuil. à soupe de persil frisé ciselé
3 ou 4 feuilles de laurier
1/2 cuil. à café de noix muscade
finement râpée
2 cuil. à soupe de sauce soja japonaise

3 cuil. à soupe d'huile de noix
de pécan
2 cuil. à café d'huile d'olive
Sel, poivre du moulin

**Trempage :** 1 nuit
**Préparation :** 15 min
**Cuisson :** 2 h 10

- **La veille :** faire tremper les haricots jusqu'au lendemain.
- **Le jour-même :** faire cuire les haricots avec les feuilles de laurier pendant 1 h 45, départ à l'eau froide.
- Ôter le laurier. Mettre ensuite les haricots égouttés dans un saladier. Réserver.
- Dans une poêle, faire chauffer l'huile d'olive et faire revenir à feu modéré l'oignon finement haché pendant environ 5 min.
- Ajouter les champignons finement hachés. Laisser dégorger jusqu'à évaporation complète, environ 10 min.
- Ajouter ensuite le persil, la coriandre, la noix muscade, l'ail pelé et les haricots. Saler et poivrer.
- Mixer le tout en une purée bien lisse et remettre à cuire 10 min.
- Laisser refroidir et ajouter la sauce soja et l'huile de noix de pécan.
- Servir ces rillettes sur des tranches de pain de campagne.

---

Trucs en plus
- Pour gagner du temps, utilisez des haricots blancs en boîte.
- Si vous aimez les plats relevés, ajoutez 1 cuil. à café de pâte de curry rouge à la préparation avant de mixer.

# Purée de marrons et de céleri-rave
## à l'huile de noix de pécan

**Pour 4 personnes**
500 g de marrons en boîte
500 g céleri-rave
1 bouquet garni (thym, laurier...)
1 bouquet de ciboulette
2 litres de bouillon de légumes
4 cuil. à soupe de crème fraîche
1 cuil. à café de curry en poudre
4 cuil. à soupe d'huile de noix de pécan
Sel, poivre du moulin

**Préparation :** 30 min
**Cuisson :** 20 min

- Verser le bouillon de légumes dans une grande casserole avec le bouquet garni, puis porter à ébullition. Réduire le feu et laisser frémir.
- Pendant ce temps, peler le céleri-rave, le couper en petits morceaux. L'ajouter au bouillon. Couvrir et laisser cuire environ 10 min.
- Égoutter les marrons, les faire cuire avec le céleri-rave ensemble encore 5 min.
- Dès que les légumes sont cuits, les égoutter. Réserver le bouillon sans le bouquet garni.
- Réduire en purée les légumes. Ajouter la crème fraîche. Remettre quelques minutes sur feu doux en remuant sans cesse. Ajouter si besoin un peu du bouillon de légumes réservé.
- Ajouter enfin l'huile de noix de pécan, le curry en poudre et la ciboulette ciselée. Saler, poivrer, bien mélanger. Servir aussitôt.

---

À savoir
- Cette purée est délicieuse avec une salade verte aux pommes et aux noix de pécan.

# Mousse au parfum de pécan,
## granité caramel

**Pour 4 personnes**

**Pour le granité caramel**
50 g de cassonade blonde
1 cuil. à café d'extrait de vanille liquide
1 citron (jus)

**Pour la mousse au parfum de pécan**
80 g de mascarpone
30 g de cassonade blonde
50 g de sucre glace
2 œufs
3 cuil. à soupe d'huile de noix de pécan
1 pincée de sel

**Préparation :** 20 min
**Cuisson :** 15 min
**Congélation :** 1 h 30 à 2 h

- **Préparer le granité :** dans une casserole, faire bouillir 25 cl d'eau.
- Pendant ce temps, dans une casserole à fond épais, faire fondre à feu doux la cassonade blonde jusqu'à obtenir une couleur ambrée foncée.
- Hors du feu, ajouter la vanille liquide dans le caramel.
- Verser l'eau bouillante et mélanger. Ajouter le jus de citron.
- Déposer le caramel obtenu dans un plat à gratin. Le laisser refroidir, puis le placer au congélateur.
- Après 1 h de congélation lorsque la préparation commence à cristalliser, remuer avec une fourchette toutes les 15 min jusqu'à ce que cela forme des paillettes.
- **Préparer la mousse au parfum de pécan :** détendre le mascarpone avec l'huile de noix de pécan. Fouetter les jaunes d'œufs jusqu'à ce qu'ils blanchissent, puis leur incorporer le mascarpone, le sucre glace et la cassonade. Réserver.
- Monter les blancs en neige avec une pincée de sel, puis les incorporer au mélange réservé. Placer au réfrigérateur.
- 5 min avant de servir, sortir le granité et le gratter avec une fourchette.
- Répartir dans 4 verres transparents la mousse à mi-hauteur et couvrir de granité au caramel.

# Et aussi...

## Mousse de chèvre aux poivrons rouges, saveur pécan

**Pour environ 350 g**
Passer au mixeur la chair de 2 poivrons rouges grillés en boîte, pelés et épépinés, avec 200 g de fromage de chèvre frais (type Petit Billy), 80 g de cerneaux de noix, 1 cuil. à café de graines de pavot, sel et poivre. Le mélange doit avoir la consistance d'une mousse. Verser dans des ramequins et placer au réfrigérateur au moins 2 h. Au moment de servir, ajouter 1 cuil. à soupe d'huile de noix de pécan par ramequin et mélanger à peine. À grignoter avec des chips mexicaines.

## Crème de morue, parfum de noix de pécan

Faire cuire 300 g de morue dessalée dans 1 litre de lait pendant 30 min. La laisser refroidir, puis l'effeuiller dans un bol en ôtant les arêtes. Poivrer généreusement. Bien mélanger. Ajouter 4 cuil. à soupe d'huile de noix de pécan, 1 gousse d'ail finement hachée, le jus de 1/2 citron, 2 cuil. à soupe d'olives noires dénoyautées et hachées, 3 à 4 cuil. à soupe de lait entier tiède et 3 cuil. à soupe de ciboulette ciselée. Bien mélanger. Au moment de servir, arroser d'un filet d'huile de noix de pécan. À déguster sur des tranches de pain grillées frottées à l'ail.

# Ça change tout !

Originale, l'huile de noix de pécan :
- pour arroser généreusement les **salades**, sur un émincé de **champignons** de Paris
- en filet sur une **salade de riz ou de maïs**, un gratin de **polenta** au jambon, un **risotto** en fin de cuisson
- sur un **tian de légumes** à la sortie du four
- pour remplacer le beurre dans une **purée**
- sur du **ris de veau**, au moment de servir sur des **brochettes de viandes grillées**
- avec du **poisson cru**, des **crustacés**
- sur des **fromages secs** ou des **chèvres chauds** juste passés au gril
- associée à quelques gouttes de vinaigre balsamique pour y tremper du bon **pain** bien frais
- quelques gouttes sur un **crumble** tout juste sorti du four ou pour parfumer un **gâteau**.

# l'huile de cacahuète
## j'en fais quoi ?

Surprenante par son parfum de cacahuète grillée, cette huile reste néanmoins simple et facile à marier. Utilisez-la pure pour un goût prononcé ou associée à une huile neutre pour un arôme plus discret.

**À essayer :**

- **Vinaigrette** (parfaite avec une salade de cœurs d'artichaut) : 4 cuil. à soupe d'huile de cacahuète, 2 cuil. à soupe de vinaigre balsamique, sel, poivre du moulin.

- **Sauce aux arachides** : mixer quelques cacahuètes grillées avec des tomates pelées, du paprika et de l'huile de cacahuète.

- **Sauce au yaourt** : 350 g de yaourt, 2 cuil. à soupe d'huile de cacahuète, 3 gousses d'ail pelées et pressées, une bonne pincée de cumin en poudre, quelques gouttes de jus de citron, sel, poivre du moulin.

# Brochettes de porc marinées
## au yaourt épicé et huile de cacahuète

**Pour 4 personnes**
600 g de porc maigre
1 yaourt nature à la grecque
1 cuil. à soupe de jus de citron vert

**Pour la marinade**
1 cuil. à café de gingembre frais râpé
5 gousses d'ail
1/2 cuil. à café de piment rouge en
 poudre
1 cuil. à soupe de garam massala
1/2 cuil. à café de paprika en poudre
1/2 cuil. à café de coriandre en poudre

5 cuil. à soupe d'huile de cacahuète
1 cuil. à soupe de fleur de sel

**Pour le décor**
Quelques rondelles de citron

**Matériel**
Des piques en bois

**Préparation :** 30 min
**Marinade :** 4 h
**Cuisson :** 30 min

- **Préparer la marinade :** peler l'ail et le gingembre. Dans un saladier non métallique, piler tous les condiments et épices de la marinade jusqu'à obtenir un mélange lisse.
- Couper la viande de porc en cubes de 2,5 cm. Les piquer de tous les côtés avec une fourchette.
- Incorporer le yaourt, le jus de citron vert, l'huile de cacahuète et le sel au mélange pilé.
- Mettre les cubes de porc dans le saladier et les frotter avec la préparation. Couvrir de film alimentaire et laisser mariner au moins 4 h au réfrigérateur.
- Sortir la viande du réfrigérateur.
- Faire tremper les piques en bois 20 min dans de l'eau. Préchauffer le gril du four.
- Enfiler les cubes de viande sur les piques. Faire cuire les brochettes sous le gril. Les retourner régulièrement et les badigeonner de la marinade restante, jusqu'à ce que la chair soit légèrement grillée.
- Servir décoré de quelques rondelles de citron.
- À déguster avec une salade de saison, du riz basmati nature ou mieux encore des vermicelles de soja.

Petit plus
- Arrosez d'un léger filet d'huile de cacahuète au moment de servir.

# Cheesecake cacahuète

**Pour 6 personnes**
250 g de mascarpone
250 g de fromage blanc
40 cl de crème fraîche liquide
100 g de beurre demi-sel mou
200 g de petits-beurre
5 cl d'huile de cacahuète
100 g de sucre en poudre
1 cuil. à soupe d'extrait de vanille
  liquide
6 feuilles de gélatine (soit 12 g)

**Préparation :** 40 min
**Repos au frais :** 30 min + 4 h

- Mettre la crème fraîche liquide 15 min au congélateur. Réserver.
- Beurrer un moule rond à fond amovible.
- Dans un saladier, malaxer avec les doigts les biscuits avec 6 cuil. à soupe de sucre en poudre. Puis ajouter le beurre ramolli et l'huile de cacahuète et bien mélanger.
- Tasser le mélange dans le moule. Mettre au frais environ 30 min.
- Mettre les feuilles de gélatine à tremper dans de l'eau froide.
- Dans un saladier, mélanger le mascarpone, le fromage blanc, l'extrait de vanille et le restant de sucre en poudre. Réserver.
- Monter 30 cl de crème liquide en chantilly.
- Faire chauffer les 10 cl de crème liquide restante. Y plonger les feuilles de gélatine essorées entre vos mains. Tourner jusqu'à ce qu'elles soient complètement fondues.
- Dans un saladier, verser le mélange réservé et la crème Chantilly. Bien mélanger. Puis, incorporer la crème contenant la gélatine fondue. Mélanger de nouveau.
- Verser enfin le mélange sur le fond de biscuits et laisser au frais au moins 4 h avant de déguster.

Conseils gourmands
- Décorez le cheesecake de fruits rouges tels que groseilles, framboises et fraises.
- Accompagnez d'un coulis de fraise.

Variante
- Utilisez des spéculoos au lieu des petits-beurre.

# Thon mi-cuit caramélisé
## à la coriandre et aux cacahuètes

**Pour 4 personnes**
800 g de filet de thon de grosse
  épaisseur
6 cuil. à soupe de coriandre ciselée
3 gousses d'ail
2 cuil. à soupe de cacahuètes grillées
  non salées
1 cuil. à café de graines de sésame
16 cuil. à soupe d'huile de cacahuète
10 cuil. à soupe de sauce soja japonaise
12 cuil. à soupe de miel d'oranger
Fleur de sel, poivre du moulin

**Préparation :** 10 min
**Marinade :** 30 min
**Cuisson :** 3 à 4 min

- **Préparer la marinade :** mélanger l'huile de cacahuète, l'ail haché finement, la coriandre, la sauce soja et le miel.
- Couper en gros cubes les filets de thon. Les saler. Faire macérer 30 min le poisson dans la marinade.
- Dans une grande poêle, faire cuire à feu vif les cubes de thon avec un peu de la marinade pendant environ 3 à 4 min en les retournant de temps en temps jusqu'à ce qu'ils soient caramélisés sur toutes leurs faces.
- Si vous préférez le thon bien cuit, poursuivez la cuisson.
- Au dernier moment, ajouter les cacahuètes concassées grossièrement et les graines de sésame. Poivrer, bien mélanger. Servir immédiatement.

Mes conseils
- Dégustez tiède plutôt que très chaud, les arômes seront plus présents et puissants.
- Accompagnez ce plat de vermicelles de soja ou de riz basmati.
- Pour un repas plus chic, remplacez le thon par de l'espadon.

# Et aussi...

## Salade de tomates, pastèque et feta à l'huile de cacahuète

Couper en gros cubes 3 ou 4 tomates en grappe et 1 grosse tranche de pastèque. Mélanger avec un oignon rouge haché finement et 1/2 paquet de feta nature coupée en cubes. Poivrer généreusement, arroser d'un filet d'huile de cacahuète. Parsemer de 1 cuil. à café de graines de sésame grillées à sec.

## Sauce aux arachides

Pour agrémenter viandes grillées, poulet... Mixer 100 g de cacahuètes non salées avec 5 cl de lait de coco non sucré, 1 cuil. à soupe de sauce soja japonaise, le jus de 1 citron, 2 cuil. à soupe de miel et 1 cuil. à café de gingembre pelé et râpé. Verser dans un bol, incorporer en fouettant 5 cl d'huile d'arachide. Saler et poivrer.

## Riz complet et azukis au cheddar

**Pour 4 personnes**
**La veille :** faire tremper 100 g d'azukis (haricots japonais, ou à défaut de lentilles) dans de l'eau froide. **Le jour même :** faire cuire 200 g de riz basmati complet et les azukis séparément, environ 45 min. Concasser grossièrement 40 g de cacahuètes salées. Râper 60 g de cheddar. Mélanger délicatement le tout. Parsemer de 4 cuil. à café de persil frisé ciselé. Arroser de 4 cuil. à café d'huile de cacahuète. Déguster immédiatement.

# l'huile de noisette
## j'en fais quoi ?

Un goût suave aux arômes très élégants et subtils de praliné et de cacao finement torréfié. La finesse alliée à la puissance est étonnante et en fait une des huiles préférées des gastronomes.

**À essayer :**

- **Vinaigrette aromatique** : 3 cuil. à soupe d'huile de noisette, 1 cuil. à soupe de vinaigre de vin vieux, 1 échalote finement hachée, sel, poivre du moulin.

- **Vinaigrette à la crème** : 3 cuil. à soupe d'huile de noisette, 2 cuil. à soupe de crème fraîche liquide, de l'ail haché selon le goût, sel, poivre du moulin.

- **Vinaigrette sucrée-salée** (pour une salade de tomates, feta et olives) : 2 cuil. à soupe d'huile de noisette, 2 cuil. à soupe d'huile d'olive, 1 cuil. à soupe de jus de citron, 1 tranche de pain d'épices rassis émietté finement, 1 cuil. à café de miel liquide, 1/2 cuil. à café de cannelle en poudre.

- **Vinaigrette à la pomme** (pour une salade de carottes, pommes et raisins secs) : 3 cuil. à soupe d'huile de noisette, 1 cuil. à café de vinaigre de framboise, 1/2 pomme râpée, 1/2 cuil. à café de sucre de canne, sel, poivre du moulin.

- **Huile de noisette truffée** : 1 petite truffe dans 1 litre d'huile de noisette.

# Haricots beurre, lait de coco,
## cannelle et huile de noisette

**Pour 4 personnes**
500 g de haricots beurre extra-fins
  (frais si possible)
1 gousse d'ail
1/2 bouquet de persil frisé
Quelques feuilles de basilic
12 noisettes
30 cl de lait de coco non sucré
3 cuil. à soupe d'huile de noisette
2 cuil. à soupe de vinaigre de vin vieux
1 cuil. à café de cannelle en poudre
Gros sel
Sel, poivre du moulin

**Préparation :** 30 min
**Cuisson :** 15 min

- Faire tremper les noisettes 15 min dans de l'eau tiède. Les peler, les essuyer, puis les concasser grossièrement. Les passer ensuite quelques instants sous le gril du four pour les colorer.
- Hacher finement ensemble le persil et l'ail. Ajouter les noisettes grillées concassées. Mélanger et réserver.
- Porter à ébullition 4 litres d'eau additionnés d'une poignée de gros sel. Lorsque l'eau bout, y plonger les haricots beurre et maintenir l'ébullition durant 10 à 15 min à découvert.
- Dès que les haricots sont tendres, les sortir de l'eau et les plonger quelques minutes à peine dans un récipient d'eau glacée. Les égoutter dans une passoire, puis les sécher dans un linge.
- Dans un saladier, mélanger le lait de coco, le basilic ciselé et l'huile de noisette. Fouetter quelques instants pour obtenir un mélange homogène.
- Dans chaque assiette, répartir les haricots, les saler, les poivrer, les arroser de vinaigre. Mélanger à peine. Puis ajouter dessus le mélange fouetté. Saupoudrer de cannelle. Terminer par le mélange réservé de persil, d'ail et de noisettes.
- Servir frais.

## Variantes
- C'est extra aussi avec des carottes tièdes coupées en rondelles au lieu des haricots beurre.
- Pour ceux qui n'aiment pas le lait de coco, utiliser de la crème fraîche liquide.
- Le basilic peut être remplacé par de la coriandre.

# Risotto au crabe
## et aux pointes d'asperges, parfum de noisette

**Pour 4 personnes**
350 g de riz arborio
200 g de miettes de crabe
20 pointes d'asperges
2 petites échalotes
40 g de beurre
40 g de parmesan râpé
1 verre de vin blanc sec
2 litres de court-bouillon
5 cuil. à soupe d'huile de noisette
Fleur de sel, poivre du moulin

**Pour le décor**
Quelques noisettes grillées et
concassées

**Préparation :** 10 min
**Cuisson :** 30 min

- Faire cuire les pointes d'asperges à la vapeur jusqu'à ce qu'elles soient tendres. Réserver.
- Dans une grande casserole, faire fondre à feu doux 20 g de beurre et faire revenir les échalotes émincées environ 2 min.
- Verser le riz, bien mélanger et le faire cuire jusqu'à ce qu'il devienne translucide.
- Après environ 5 min, mouiller de vin de blanc et mélanger pendant 2 min. Verser ensuite une louche de court-bouillon chaud et mélanger pendant que le riz absorbe le liquide.
- Continuer à incorporer le bouillon de cette façon et n'en rajouter que lorsque le riz a absorbé la dose précédente.
- Au bout d'environ 15 min, c'est-à-dire 5 min avant la fin de la cuisson, ajouter les pointes d'asperges et les miettes de crabe, puis répéter délicatement l'opération.
- Hors du feu, ajouter le parmesan râpé, l'huile de noisette et le reste de beurre. Ajouter si besoin de la fleur de sel, le parmesan étant déjà très salé. Poivrer. Mélanger.
- Laisser reposer quelques minutes à couvert, puis mélanger une dernière fois avant de servir le risotto dans des assiettes chaudes.
- Décorer de quelques noisettes grillées et concassées.

**Truc de chef**
- Mélangez en continu le risotto pendant toute l'absorption du bouillon de poisson.

**Tout aussi bon !**
- Utilisez des crevettes cuites et décortiquées à la place des miettes de crabes.

# Panna cotta à la noisette,
## coulis de datte au Grand Marnier

**Pour 4 personnes**

**Pour la crème**
40 cl de crème fraîche liquide
2 cuil. à soupe de sucre en poudre
1 cuil. à soupe d'extrait de vanille
   liquide
2 feuilles de gélatine (soit 4 g)
2 cuil. à soupe d'huile de noisette

**Pour le décor**
4 noisettes

**Pour le coulis de datte**
16 dattes dénoyautées
2 oranges (jus)
1 cuil. à soupe de cassonade
1 cm de racine de gingembre
4 cuil. à soupe de Grand Marnier

**Préparation :** 30 min
**Cuisson :** 20 min
**Repos au frais :** 2 h

- **Préparer le coulis de datte :** hacher finement les dattes. Dans une casserole, verser le jus des oranges et la cassonade, y plonger les dattes et chauffer en tournant jusqu'à absorption du liquide. Réserver.
- **Préparer la crème :** plonger les feuilles de gélatine 5 min dans de l'eau froide.
- Verser la crème fraîche liquide dans une casserole, ajouter le sucre en poudre et la vanille liquide. Porter à ébullition. Essorer les feuilles de gélatine en les pressant entre les mains et les incorporer à la crème. Retirer du feu et ajouter au fur et à mesure l'huile de noisette en tournant bien le mélange. Réserver.
- Ajouter le Grand Marnier et le gingembre râpé finement au coulis de datte.
- Verser le coulis de datte dans des verres transparents. Déposer dessus la crème. Laisser refroidir à température ambiante, puis réserver au frais au moins 2 h.
- Au moment de servir décorer de noisettes concassées.

# Minestrone de fruits
## au goût de noisette

**Pour 4 personnes**
50 cl de jus d'oranges pressées
2 citrons verts (jus)
1 fruit de la passion
6 fraises
1 banane
1 mangue assez ferme
2 kiwis
1 carambole bien mûre
Quelques grains de raisins blancs
100 g de myrtilles
100 g de framboises

100 g de groseilles
5 cl de Grand Marnier
1/2 cuil. à café d'anis en poudre
Quelques feuilles de basilic
4 cuil. à café d'huile de noisette
2 cuil. à soupe de sucre en poudre
(facultatif)

**Préparation :** 20 min
**Cuisson :** 10 min

- Peler la banane et la couper en rondelles. Équeuter les fraises et les couper en quatre. Peler et couper la mangue en dés. Peler les kiwis et les couper en rondelles. Éplucher la carambole et la couper en tranches. Couper les grains de raisin en deux.
- Dans une casserole, chauffer le jus d'orange avec le Grand Marnier.
- Faire réduire aux 2/3. Ajouter le jus des citrons verts.
- Dans un saladier, mélanger tous les fruits, les arroser du sirop obtenu. Sucrer selon le goût.
- Répartir dans des assiettes creuses. Saupoudrer d'anis, parsemer de feuilles de basilic et arroser chaque assiette de 1 cuil. à café d'huile de noisette.
- Servir immédiatement.

**Ou encore**
- À défaut des fruits d'été, utilisez des fruits en bocaux.
- Remplacez l'anis en poudre par un bâton de réglisse dont vous râperez un petit morceau.

# Crumble épicé fraise-rhubarbe
## parfum de noisette

**Pour 4 personnes**
500 g de fraises gariguette
200 g de rhubarbe
2 oranges (jus)
50 g de sucre en poudre
2 clous de girofle
1/2 cuil. à café de réglisse en poudre
1/2 cuil. à café de cannelle en poudre
4 cuil. à soupe de Cointreau

**Pour la pâte à crumble**
150 g de farine
80 g de cassonade
4 cuil. à soupe d'huile de noisette
80 g de beurre demi-sel

**Préparation :** 20 min
**Cuisson :** 40 min

- Éplucher la rhubarbe et la détailler en tronçons de 2 cm. Presser les oranges. Laver et équeuter les fraises.
- Dans une casserole, mettre le jus des oranges, les épices, la rhubarbe, le sucre et le Cointreau. Laisser cuire 15 à 20 min à feu doux.
- Hors du feu, ajouter les fraises.
- Préchauffer le four à 180 °C (th. 6).
- Pendant ce temps, préparer la pâte : mélanger du bout des doigts la farine, le beurre demi-sel, l'huile de noisette et la cassonade jusqu'à obtenir un mélange sableux.
- Retirer ensuite les deux clous de girofle de la compote et la verser dans un plat.
- Répartir dessus les miettes de pâte et enfourner pour 20 min.
- À déguster tiède avec 4 boules de glace à la noix de coco.

Itinéraires bis
- Remplacez les fraises par des pruneaux ou des cerises dénoyautées.
- Remplacez l'huile de noisette par de l'huile de noix ou de noix de pécan.

# Et aussi...

## Cake poulet-gorgonzola-comté à l'huile de noisette

Préchauffer le four à 180 °C (th. 6). Beurrer un moule à cake. Dans un saladier, fouetter 3 œufs, 10 cl d'huile de noisette et 10 cl de crème fraîche liquide. Verser dessus, tout en fouettant, 200 g de farine mélangée à 1 sachet de levure chimique. Saler et poivrer. Ajouter 200 g de blancs de poulet cuits coupés en dés, 10 noisettes décortiquées, 100 g de gorgonzola émietté, 50 g de comté coupé en dés et 3 cuil. à soupe de basilic ciselé. Bien mélanger. Verser la préparation dans le moule et enfourner pour environ 45 min. Laisser refroidir avant de servir.

## Ma pâte à tartiner aux éclats de noisette

Faire fondre 100 g de sucre en poudre dans une large poêle jusqu'à obtenir un caramel blond. Ajouter 50 g de noisettes concassées. Bien mélanger. Hors du feu, ajouter 100 g de beurre et 100 g de chocolat au lait aux éclats de noisette. Bien mélanger et remettre à feu doux jusqu'à obtenir un mélange fluide et homogène. Verser enfin 10 cl de lait concentré non sucré, 1 cuil. à café d'extrait de vanille liquide et 3 cuil. à soupe d'huile de noisette. Mélanger de nouveau. À conserver au réfrigérateur.

## Pâte à tartiner façon Nutella

Faire fondre à feu doux 100 g de beurre et 100 g de chocolat au lait aux éclats de noisette. Ajouter 80 g de pralin et bien mélanger. Verser enfin 100 g de lait concentré sucré et 3 cuil. à soupe d'huile de noisette. Mixer éventuellement pour obtenir un mélange lisse.

## Pesto de courgette

Mixer ensemble 1 courgette moyenne cuite à la vapeur avec 2 gousses d'ail, 5 à 6 feuilles de basilic, 3 cuil. à soupe d'huile de noisette. Ajouter ensuite 2 cuil. à soupe de crème fraîche liquide et 4 cuil. à soupe de parmesan râpé. Saler et poivrer.

# Ça change tout !

- L'huile de noisette est délicieuse dans un **sandwich** garni de fromage de chèvre, roquette, jambon cru et tomates séchées.

- **Pour l'apéritif** : des cubes de **polenta aux olives noire et parmesan** arrosées d'huile de noisette.

- Dans une **salade de lentilles tièdes** (avec ou sans saucisse) assaisonnée d'huile de noisette et de vinaigre de xérès.

Un simple filet d'huile de noisette fera aussi merveille sur :

- un **velouté de potiron** tout juste mixé

- une salade de **cœurs d'artichaut** ou de chou-fleur, des **carottes râpées**, une **frisée aux lardons**, une salade de **pissenlits**

- une salade de **langoustes** aux fruits exotiques, une salade de **calamars**, du **saumon mariné** à l'aneth, une salade de haricots blancs aux **crevettes**

- de succulentes **pommes de terre** en papillotes, en fin de cuisson, une purée de **chou-fleur**, des **mini-courgettes** fraîches, des **haricots verts**

- une **polenta** moelleuse, des **pâtes aux champignons**

- les **carpaccios**, les **quenelles** de volaille ou de poisson, les **viandes fumées**, un **hachis Parmentier** tout juste sorti du four

- des noix de **Saint-Jacques** rôties dans leurs coquilles, au moment de servir

- des **crustacés** ou des **poissons fumés**, associé à un vinaigre doux ou du jus de citron

- une **omelette au fromage et aux herbes** tout juste cuite

- une **pizza**

- des **tomates confites** ou séchées, une salade de **chèvre chaud**

- **à la place du beurre** sur tous les féculents, légumes, poissons, pâtes et pâtisseries.

# l'huile d'argan
## j'en fais quoi ?

L'huile d'argan a un goût fort et sauvage de musc et d'arachide grillée. Son originalité en fait l'alliée de la cuisine européenne pour métamorphoser les plats.

**À essayer :**

Associez-la à du miel, des vinaigres doux, du jus d'orange ou encore des épices douces.

- **Vinaigrette à l'orientale** : 2 cuil. à soupe d'huile d'argan, 2 cuil. à soupe de jus de citron, 1/2 cuil. à café de cumin en poudre, sel, poivre du moulin.

- **Coulis de légume** (pour accompagner les poissons) : mixer 1 petite courgette et 1 petite aubergine cuites à la vapeur avec 3 cuil. à soupe de crème fraîche liquide, 2 cuil. à soupe d'huile d'argan, du sel et du poivre.

# Foies de volaille marinés,
## sauce au foie gras, quinoa aux petits légumes

**Pour 4 personnes**
500 g de foies de volaille
100 g de foie gras
500 g de quinoa royal aux petits
  légumes (au rayon bio)
10 feuilles de menthe fraîche
1 cuil. à café de garam massala
2 à 3 cuil. à soupe d'huile d'argan
5 cuil. à soupe d'eau de rose
Sel, poivre du moulin

**Pour la marinade**
25 cl de vin blanc sec
12 cl de sauce teriyaki
60 g de miel liquide

**Préparation :** 20 min
**Marinade :** 2 h
**Cuisson :** 20 min

- Dans une casserole, faire chauffer le vin blanc avec le miel. Bien mélanger et laisser refroidir, puis ajouter la sauce teriyaki.
- Découper les foies en morceaux de 1 cm d'épaisseur. Les déposer dans un plat et les recouvrir de marinade. Recouvrir de film alimentaire et mettre au frais au minimum 2 h.
- Faire cuire 10 à 15 min le quinoa à l'étouffée dans 1 litre d'eau additionnée de l'eau de rose. Laisser reposer à couvert après cuisson.
- Sortir les foies et les égoutter. Conserver la marinade pour confectionner la sauce d'accompagnement. La filtrer.
- Saisir à feu vif les foies dans une poêle avec l'huile d'argan et le garam massala.
- Faire réduire la marinade filtrée, y ajouter la moitié de la menthe finement ciselée et le foie gras coupé en morceaux. Assaisonner de sel et de poivre.
- Mixer et verser la marinade réduite sur les foies de volaille. Bien mélanger.
- Égoutter le quinoa et le verser dans un grand plat. Disposer dessus les foies de volaille et la marinade. Parsemer du reste de menthe ciselée.

---

**Pour changer...**
- À défaut de quinoa, utilisez de la semoule de blé fine ou du riz.
- Excellent aussi avec une semoule de brocolis ou de chou-fleur (cuits à la vapeur et râpés à la grosse râpe).
- Vous pouvez remplacer éventuellement le foie gras par une mousse de foie de volaille, et la sauce teriyaki par du Viandox.

# Quenelles chèvre-ricotta
## au saumon fumé et à l'huile d'argan

**Pour 4 personnes**
100 g de chèvre frais
100 g de ricotta
40 cl de crème fleurette
150 g de saumon fumé
1 mélange de salades de saison
Quelques brins de menthe
3 cuil. à soupe d'huile d'argan
  + pour servir
1 cuil. à café de ras-el-hanout
2 à 3 cuil. à soupe de vinaigrette
Sel, poivre du moulin

**Préparation :** 15 min
**Repos au frais :** 2 h

- Mettre au congélateur la crème fleurette pendant 5 à 6 min, puis la monter en chantilly très ferme.
- Mélanger ensemble le chèvre frais, la ricotta et l'huile d'argan afin d'obtenir une crème moelleuse.
- Incorporer la crème chantilly.
- Ciseler les feuilles de menthe, détailler le saumon fumé en petits dés ou en lanières.
- Mélanger le tout délicatement, incorporer le ras-el-hanout et assaisonner de sel et de poivre.
- Mettre au réfrigérateur au moins 2 h.
- Juste avant de servir, sur chaque assiette, déposer un lit de feuilles de salade assaisonnées de vinaigrette.
- Préparer 12 quenelles à l'aide de 2 cuillères à soupe et en déposer 3 sur chaque lit de salade. À déguster arrosé d'un léger filet d'huile d'argan.

# Salade de patates douces
## et marrons glacés, orange-argan

**Pour 4 personnes**
400 g de patates douces à chair orange
6 rondelles d'orange
3 cuil. à soupe de menthe fraîche
100 g de brisures de marron glacé
10 noisettes grillées et concassées
Sel

**Pour l'assaisonnement**
3 oranges (jus)
2 citrons (jus)
1/2 cuil. à café de cannelle en poudre

3 ou 4 cuil. à soupe de sucre glace
1 cuil. à soupe d'eau de fleur d'oranger
2 ou 3 cuil. à soupe de Cointreau
3 cuil. à soupe d'écorce d'orange
confite
4 cuil. à soupe d'huile d'argan
Poivre du moulin

**Préparation :** 20 min
**Cuisson :** 15 à 20 min
**Repos au frais :** 1 h

- Éplucher les patates douces et les faire cuire à l'eau bouillante salée entre 15 et 20 min selon leur taille. Les patates douces doivent rester assez fermes.
- **Pendant ce temps, préparer l'assaisonnement :** dans un bol, mélanger l'huile d'argan, le jus des oranges et des citrons, la cannelle, le sucre glace, du poivre et l'eau de fleur d'oranger.
- Dès que les patates douces sont cuites, les égoutter et les couper en gros cubes.
- Pendant qu'elles sont encore chaudes, les arroser avec la moitié de l'assaisonnement.
- Mélanger délicatement et mettre au frais au moins 1 h.
- Au moment de servir, vérifier l'assaisonnement, ajouter les brisures de marron glacé, parsemer de menthe finement ciselée, déposer sur la salade les noisettes grillées et concassées ainsi que les rondelles d'orange et les écorces d'orange confite finement coupées.
- Arroser du restant de l'assaisonnement et parfumer de Cointreau. Mélanger délicatement.
- À déguster frais mais non glacé.

# Craquants au caramel au beurre salé,
## parfum cardamome-argan

**Pour 4 à 6 personnes**
6 grosses poignées de pétales de maïs
   non sucrés (corn flakes)
200 g de sucre en poudre
15 cl de crème fraîche liquide
100 g de beurre demi-sel
4 cuil. à soupe d'huile d'argan
2 cuil. à soupe de cardamome en poudre
1 cuil. à café de fleur de sel

**Préparation :** 15 min
**Cuisson :** 5 min

- Malaxer énergiquement avec les doigts les pétales de maïs avec l'huile d'argan, la fleur de sel et la cardamome. Réserver.
- Faire fondre le sucre en poudre dans une large poêle jusqu'à obtenir un caramel blond. Hors du feu, ajouter immédiatement le beurre demi-sel et la crème liquide. Bien mélanger.
- Pour finir, ajouter les pétales de maïs et mélanger le tout avec une cuillère en bois.
- Sur une tôle beurrée, déposer avec les doigts des petits tas de 5 cm de diamètre de cette préparation. Laisser refroidir.
- Parfait avec une boule de glace à la vanille, un café ou un thé.

Variantes
- Utilisez des pétales de blé au lieu de pétales de maïs.
- Remplacez la cardamome par de la cannelle.

# Et aussi...

## Crème anglaise au miel et à l'huile d'argan aux épices

Mélanger 2 cuil. à soupe d'huile d'argan avec 1/2 cuil. à café de cannelle en poudre, 1/2 cuil. à café de noix muscade râpée, 1/2 cuil. à café de coriandre en poudre, 1/2 cuil. à café d'anis en poudre et 1/2 cuil. à café de poivre blanc. Faire bouillir 1 litre de lait avec 1 cuil. à café d'extrait de vanille liquide. Fouetter 4 jaunes d'œufs, 25 g de sucre en poudre et 3 cuil. à soupe de miel d'acacia. Verser le lait bouillant sur les œufs et transvaser dans une casserole. Cuire la crème anglaise en tournant à l'aide d'une spatule. Attention à ne pas la faire bouillir. À épaississement, éteindre le feu et ajouter l'huile d'argan parfumée aux épices. Servir tiède ou froid.

## Le fameux « Nutella » marocain : l'amlou

Faire griller sur feu doux 125 g d'amandes mondées. Les hacher et les mettre dans un saladier. Ajouter 1 ou 2 pincées de cannelle en poudre, 125 g de miel et 12 cl d'huile d'argan. Mélanger jusqu'à l'obtention d'une pâte homogène. Servir sur des pancakes ou sur des tranches de pain grillées.

## Salade de poivrons et citrons confits

Couper en fines lanières 1 poivron rouge et 1 poivron jaune (passés au four et pelés) et 1/4 de citron confit au sel. Assaisonner de 2 cuil. à soupe d'huile d'argan, de 1 cuil. à café de curry en poudre et de 1 gousse d'ail hachée finement. Ajouter 12 grosses olives vertes au citron. Saler et poivrer. Servir frais.

# Ça change tout !

Un simple filet d'huile d'argan transformera :

- un velouté **d'artichaut**
- des **crudités**, un carpaccio de **radis** roses ou noirs, une salade de **haricots blancs à la menthe**, un **taboulé**, une salade de **quinoa** ou de **riz complet**
- un **tajine** de légumes, des **tomates ou poivrons** grillés, de la **semoule**
- des brochettes ou un couscous d'**agneau**, un **carpaccio** de bœuf, du **porc**, des **œufs cocotte**
- une salade de **calamars**, du **saumon mariné** à l'aneth, des **filets de poisson**
- un fromage de **chèvre tendre**, des **fromages forts** demi-secs
- des tranches de **pain** ou de **brioche** grillées au miel.

# Avant-propos

Symbole de lumière, de pureté et de prospérité, l'huile a toujours tenu une grande place chez les peuples méditerranéens et ceux du Proche-Orient. Deux mille ans avant notre ère, les Égyptiens et les Romains utilisaient déjà cet ingrédient riche en saveurs. Aujourd'hui encore, les huiles accompagnent chacun de nos repas et sont un véritable plaisir pour les papilles par la puissance et l'originalité de leurs arômes.

## Des vertus nutritionnelles

Dorées et lumineuses, les huiles sont un vrai régal pour les yeux et enchantent l'odorat par les parfums fruités, d'amande ou de sous-bois qu'elles répandent. Outre leur multitude de saveurs, les huiles végétales ont également des propriétés bénéfiques pour la santé. Riches en vitamine E antioxydante, elles apportent également les acides gras insaturés indispensables à notre organisme. Elles doivent donc être présentes dans notre alimentation.

## Un trésor aromatique

Privilégiez les huiles issues d'une première pression à froid. Afin de préserver leur arôme, évitez de les chauffer et conservez-les à l'abri de la lumière et de la chaleur. Les huiles diffusent leur parfum de façon très homogène : évitez d'avoir la main trop lourde, une touche légère suffit à parfumer n'importe quel plat.

## Des sensations inédites

Découvrir les huiles, c'est participer à un véritable itinéraire sensoriel : nous souhaitons que les recettes de cet ouvrage ouvrent votre palais à des sensations nouvelles, extraordinaires. Et qui sait ? peut-être aurez-vous envie de faire preuve d'inventivité et de créer à votre tour des associations de saveurs. Alors bon voyage au royaume des huiles.

# Sommaire

Jean-Paul Laillet

ces huiles
j'en fais quoi ?

Photographies de Nathanaël Turpin-Griset
Stylisme de Manuella Chantepie

Albin Michel

# Ça change tout !

- L'huile de cacahuète est adaptée aux **recettes des pays chauds** (au wok ou en fritures légères) : sauces mexicaines, ragoûts africains, rijsttafels indonésiens...
- Elle s'associe parfaitement aux **plats à base de fromage frais** (feta, chèvre frais, Carré frais Gervais, etc.).

Surprenant, un filet d'huile de cacahuète :

- sur une salade croquante aux **germes de soja**, une salade de **tomates**, des **crudités**
- dans une purée d'**avocat** pour l'apéritif
- sur des **légumes** grillés ou cuits à la vapeur, un **épi de maïs grillé** à point, des **pommes de terre** rôties
- dans de nombreuses **purées maison**
- sur des **côtelettes de porc** grillées, des filets de **volaille**, des **viandes grillées**
- sur des filets de **sole** en papillote
- dans une **brandade** de morue
- sur des **fromages frais**
- dans une salade de **mangues**.

# l'huile de pistache
## j'en fais quoi ?

L'huile de pistache, à la saveur puissante et expressive, ne s'accorde pas avec tout. On la trouve cependant aussi bien dans les plats salés que sucrés. Le citron et les vinaigres balsamique ou de miel lui correspondent bien.

**À essayer :**

• **Vinaigrette** (parfaite sur un poisson grillé) : 3 cuil. à soupe de vinaigre balsamique, 9 cuil. à soupe d'huile de pistache, sel, poivre du moulin.

# Boulettes de ricotta
## sur salade multicolore à la pistache

**Pour 4 personnes**
150 g de ricotta
200 g de roquette
100 g de cresson
1 dizaine de feuilles de basilic
1 endive
1 avocat
1 poire
1 citron (jus)
250 g de tomates cerises
16 olives vertes et noires
2 à 3 cuil. à soupe de graines de sésame
Poivre du moulin

**Pour la vinaigrette**
4 cuil. à soupe d'huile de pistache
2 cuil. à café de sauce soja japonaise
Quelques gouttes de jus de citron

**Pour le décor**
Quelques brins de ciboulette

**Préparation :** 30 min

- Éplucher la poire, éliminer le trognon, la couper en dés et la badigeonner d'un peu de jus de citron.
- Couper l'endive en morceaux. Rincer le cresson et la roquette, les essorer.
- Éplucher l'avocat, ôter le noyau et couper la chair en cubes. Les badigeonner d'un peu de jus de citron.
- Dans une poêle antiadhésive, faire griller rapidement à sec les graines de sésame.
- Confectionner avec les mains légèrement humides des boulettes de ricotta, puis les rouler dans les graines de sésame. Réserver.
- Ciseler les feuilles de basilic.
- **Préparer la vinaigrette :** dans un bol, verser la sauce soja, quelques gouttes de jus de citron et l'huile de pistache. Fouetter le tout. (Ne surtout pas ajouter de sel car la sauce soja est déjà très salée.)
- Pour servir, disposer sur chaque assiette les légumes, les tomates cerises et le basilic, les dés de poire et d'avocat, les olives vertes et noires.
- Poivrer. Disposer quelques boulettes de ricotta et arroser de vinaigrette à l'huile de pistache. Décorer de ciboulette.

# Tartare de noix de Saint-Jacques,
## avocat et mangue à la coriandre

**Pour 4 personnes**
400 g de noix de Saint-Jacques fraîches
1/2 mangue
2 citrons verts (jus)
1 avocat
1 belle échalote
1/2 bouquet de coriandre
3 gouttes de Tabasco
3 cuil. à soupe d'huile de pistache
Fleur de sel, poivre du moulin

**Pour le décor**
Quelques brins de ciboulette

**Préparation :** 15 min
**Marinade :** 1 h

- Dans un saladier, mettre les noix de Saint-Jacques coupées en petits dés.
- Dans un bol, fouetter 4 cuil. à soupe de jus de citron vert avec 3 gouttes de Tabasco, de la fleur de sel et l'huile de pistache. Ajouter l'échalote hachée.
- Verser la marinade sur les noix de Saint-Jacques. Recouvrir de film alimentaire et entreposer 1 h au frais.
- Avant de servir, peler l'avocat, le couper en petits dés, l'arroser du jus de citron vert restant. Ciseler la coriandre.
- Peler la mangue, la couper en petits dés et la poivrer.
- Huiler 4 ramequins et les garnir de noix de Saint-Jacques et de coriandre ciselée, couvrir de dés d'avocat et de mangue. Tasser le tout et démouler les ramequins sur les assiettes. Décorer avec les brins de ciboulette.

Coup de pouce
- Demandez à votre poissonnier des Saint-Jacques fraîches sans coquilles.
- Démoulez en passant la lame d'un couteau sur le tour des ramequins.
- Accompagnez ce tartare d'une petite salade de roquette.

Tout aussi bon
- Remplacez les noix de Saint-Jacques par du thon, des filets de bar ou de dorade.
- Utilisez de la menthe, de l'estragon ou de la ciboulette, à la place de la coriandre.

# Mousse onctueuse à l'eau de rose
## et pistache à tomber par terre

**Pour 4 personnes**
30 cl de crème fraîche liquide
3 blancs d'œufs
8 cuil. à soupe de sucre glace
1 cuil. à café d'extrait de vanille liquide
1 cuil. à soupe d'eau de rose
2 cuil. à soupe de pistaches mondées
    non salées
4 cuil. à soupe d'huile de pistache

**Préparation :** 15 min
**Repos au frais :** 2 h

- Mettre la crème liquide au congélateur pendant 5 à 6 min afin qu'elle soit très froide.
- Préparer une chantilly très ferme : fouetter la crème en chantilly, y incorporer le sucre glace et 2 cuil. à soupe d'huile de pistache.
- Battre les blancs d'œufs en neige ferme, puis incorporer la vanille liquide et fouetter jusqu'à obtenir une neige très ferme (elle ne tombe pas quand on retourne le plat). Ajouter alors l'eau de rose, toujours en fouettant.
- Mélanger délicatement la chantilly et les blancs d'œufs battus.
- Faire griller les pistaches à sec dans une poêle antiadhésive.
- Répartir la mousse dans des verres transparents et parsemer de pistaches grillées. Laisser prendre au réfrigérateur 2 h minimum.
- Au moment de servir, verser un filet d'huile de pistache sur les crèmes.

# Tiramisu pistache
## à l'infusion de réglisse

**Pour 4 personnes**
8 biscuits roses de Reims
10 cl de rhum vieux
1 bâton de réglisse

**Préparation :** 15 min
**Infusion :** 1 h
**Repos au frais :** 2 h

**Pour la chantilly à la pistache**
250 g de mascarpone
20 cl de crème fraîche liquide
4 carrés de chocolat blanc
2 cuil. à café de cacao en poudre
60 g de sucre glace
3 cuil. à soupe d'huile de pistache

- Mettre la crème liquide 5 à 6 min au congélateur.
- Faire bouillir 30 cl d'eau avec le bâton de réglisse. Laisser infuser à couvert pendant 1 h.
- Dans un saladier, verser la crème liquide refroidie et la monter en chantilly très ferme. Ajouter le sucre glace et bien mélanger.
- Mélanger le mascarpone avec l'huile de pistache afin de l'assouplir et de le rendre crémeux, puis l'incorporer délicatement à la chantilly.
- Ajouter le rhum vieux dans l'infusion de réglisse.
- Tremper un à un, rapidement, les biscuits dans l'infusion de réglisse et rhum vieux. En tapisser le fond de 4 coupes transparentes. Puis, les napper de chantilly à la pistache. Mettre au frais 2 h minimum.
- Confectionner des copeaux de chocolat blanc en râpant les carrés avec un couteau économe.
- Au moment de servir, parsemer chaque tiramisu de copeaux de chocolat blanc et de poudre de cacao.

# Et aussi...

## Vert-manger coco à manger au verre

Faire fondre 4 feuilles de gélatine (soit 8 g) dans un bol d'eau froide pendant 10 min. Faire bouillir 40 cl de lait de coco non sucré et 20 cl de lait avec 1/2 cuil. à café d'extrait de vanille liquide. Dans une casserole, fouetter 3 jaunes d'œufs avec 100 g de sucre en poudre jusqu'à ce que le mélange blanchisse. Puis verser le lait bouilli en fouettant bien ce mélange. Remettre à feu doux. Incorporer les feuilles de gélatine essorées. Remuer jusqu'à ce qu'elles soient entièrement fondues. Retirer du feu et verser 2 cuil. à soupe d'huile de pistache. Bien mélanger et verser dans 4 verrines. Entreposer au réfrigérateur au moins 2 h. À déguster bien froid.

## Crème de tapioca à la pistache

Faire bouillir 1 litre de lait avec 1 cuil. à café d'extrait de vanille liquide et 75 g de sucre en poudre. Ajouter 100 g de tapioca en pluie en tournant sans cesse avec une cuillère en bois. Laisser cuire jusqu'à ce que le tapioca devienne transparent. Hors du feu, la crème refroidie, ajouter 2 œufs battus en omelette. Terminer par 3 cuil. à soupe d'huile de pistache. Bien mélanger. Laisser reposer au frais pendant 2 h minimum.

# Ça change tout !

- Écraser un **carré de fromage frais** ou de **chèvre frais** avec de l'**échalote**, de l'ail et du persil hachés, et un filet d'huile de pistache.

- Un émincé d'**endives**, avec dés de truite ou de saumon fumé.

L'huile de pistache se mariera également avec :

- une **jardinière de légumes**, une salade de **haricots verts**, des **carottes râpées**, une salade de **betteraves rouges**

- de l'**avocat**, une **salade romaine** ou de la **mâche**

- des **haricots verts** frais cuits et légèrement croquants, des **poireaux** cuits, des **pâtes** aux légumes

- les **poissons** fumés, grillés ou cuits à la vapeur, des **langoustines** ou des **homards**, un méli-mélo de **crevettes**

- la **pomme** ou la **poire** crue, les **pâtisseries** aux fruits, un **crumble aux pommes** tout juste sorti du four.

# l'huile de noix
## j'en fais quoi ?

L'huile de noix apporte une note à la fois sucrée et amère. Cette huile **ne doit pas être chauffée** et se conserve au réfrigérateur.

**À essayer :**

- **Vinaigrette classique** : 6 cuil. à soupe d'huile de noix, 3 cuil. à soupe de vinaigre de vin vieux, 1 cuil. à soupe de moutarde de Dijon, sel, poivre du moulin.

- **Vinaigrette au roquefort** (pour assaisonner une salade d'endives aux noix) : 2 cuil. à soupe de yaourt, 3 cuil. à soupe d'huile de noix, 1 cuil. à soupe de moutarde de Dijon, poivre du moulin (pas de sel).

- **Vinaigrette légère** : 6 cuil. à soupe d'huile de noix, 3 cuil. à soupe d'eau, 3 cuil. à soupe de vinaigre de xérès, 1 cuil. à soupe de moutarde de Dijon.

- **Vinaigrette au bouillon de volaille** : 6 cuil. à soupe d'huile de noix, 2 cuil. à soupe de vinaigre balsamique, 4 cuil. à soupe de bouillon de volaille, sel, poivre du moulin.

- **Vinaigrette aux herbes** : 9 cuil. à soupe d'huile de noix, 3 cuil. à soupe de sauce soja, 1 cuil. à soupe de moutarde de Dijon, basilic et ciboulette ciselés.

# Pommes de terre tièdes,
## sauce à l'ail et parfum de noix

**Pour 4 personnes**
800 g de pommes de terre grenaille
1 botte de radis roses
1 tête d'ail
1 oignon rouge
1/2 bouquet de menthe
Quelques olives noires
2 cuil. à soupe de graisse de canard
10 cl d'huile de noix
1 cuil. à café de curry en poudre
20 cl de crème fraîche liquide
Quelques gouttes de Tabasco
Sel, poivre du moulin

**Préparation :** 20 min
**Cuisson :** 30 min

- Préchauffer le four à 180 °C (th. 6).
- Bien laver les pommes de terres et les couper en deux sans les peler. Les déposer sur une tôle enduite de graisse de canard.
- Éplucher les gousses d'ail et en poser la moitié, entières, à côté des pommes de terre.
- Parsemer du reste de graisse de canard. Saler et poivrer. Enfourner pour environ 30 min.
- Couper les radis roses en rondelles. Réserver.
- **Préparer la sauce :** ciseler la menthe. Mélanger la crème liquide avec la menthe, l'huile de noix, le curry et quelques gouttes de Tabasco. Saler et poivrer. Presser le reste de l'ail dans la sauce.
- Laisser tiédir les pommes de terre et les gousses d'ail. Les mettre dans un saladier et ajouter la sauce, les radis et les olives, bien mélanger.
- Décorer de rondelles d'oignon et servir.

Pour changer
- Remplacez la menthe et les radis par de la ciboule.
- Remplacez la graisse de canard par de l'huile d'olive.

# Cèpes en marinade,
## parfum de noix et de citron

**Pour 4 personnes**
800 g de cèpes frais
1 citron (jus)
2 cm de gingembre frais
1/2 gousse d'ail
1 cuil. à soupe d'huile de pépins de raisin
3 cuil. à soupe d'huile de noix
1 cuil. à soupe de vinaigre balsamique
10 cl de Martini blanc
1/2 cuil. à café de paprika
1 cuil. à café de poivre noir en grains
Sel

**Pour le décor**
1 citron non traité
Quelques petits oignons blancs
6 tomates cerises

**Préparation :** 40 min
**Cuisson :** 10 min
**Repos au frais :** 1 nuit

- **La veille :** débarrasser les cèpes de leurs pieds. Nettoyer les chapeaux et les tailler en fines lamelles.
- Chauffer dans une poêle l'huile de pépins de raisin et y faire sauter les lamelles de cèpes à feu vif pendant 3 min.
- Égoutter les champignons et les disposer dans un plat de service.
- Presser le citron et filtrer le jus. Peler le gingembre, le hacher et le mélanger au jus de citron.
- Verser le mélange dans une casserole avec le vinaigre balsamique, le Martini blanc, l'ail écrasé, le paprika et du sel. Porter à ébullition 5 min.
- Hors du feu, ajouter l'huile de noix et les grains de poivre. Verser cette marinade sur les lamelles de cèpes.
- Couvrir de film alimentaire et placer au frais jusqu'au lendemain.
- **Au moment de servir :** décorer de rondelles de citron, de tomates cerises coupées en petits dés et de lamelles de petits oignons.

Beau et bon
- Présentez ce plat avec du pain de campagne grillé arrosé d'huile de noix au moment de servir.

# Gratin de pommes de terre
## au foie gras et saint-marcellin fondant

**Pour 4 personnes**
80 g de foie gras mi-cuit
800 g de pommes de terre à chair ferme
1 gousse d'ail
Quelques feuilles de laurier
4 saint-marcellin jeunes et fermes
30 g de beurre
50 cl de crème fraîche liquide
3 ou 4 cuil. à soupe d'huile de noix
Baies roses du moulin
Sel, poivre du moulin

**Préparation :** 40 min
**Cuisson :** 1 h 30

- Préchauffer le four à 180 °C (th. 6).
- Détailler le foie gras en lamelles de 1 cm.
- Éplucher les pommes de terre et les couper en rondelles assez fines.
- Peler la gousse d'ail, la couper en deux et en frotter un plat allant au four.
- Beurrer ce plat. Remplir le fond de pommes de terre. Saler et poivrer.
  Disposer quelques feuilles de laurier par-dessus. Recouvrir de lamelles de foie gras et terminer par une couche de pommes de terre. Saler et poivrer à nouveau.
- Saler la crème liquide et la verser dans le plat au 3/4 maximum de la hauteur.
- Enfourner le plat pour 1 h à 1 h 10.
- Au bout de ce temps, vérifier la cuisson des pommes de terre à l'aide d'un couteau.
  Au besoin, poursuivre la cuisson.
- Déposer les 4 saint-marcellin sur le gratin. Moudre quelques baies roses dessus.
- Passer alors le four en position gril et enfourner le plat jusqu'à ce que les fromages soient fondus et dorés.
- Servir dès la sortie du four et arroser chaque assiette d'un filet d'huile de noix.
- Déguster accompagné idéalement d'une copieuse salade verte.

# Moelleux aux noix
## et aux oranges confites

**Pour 24 pièces**
125 g de farine
50 g de sucre glace
100 g de sucre de canne
75 g de cerneaux de noix
80 g de beurre demi-sel mou
2 œufs
6 cuil. à soupe de crème fraîche
2 cuil. à soupe d'écorce d'orange confite
2 cuil. à soupe de Grand Marnier
10 cl d'huile de noix

**Matériel**
24 caissettes en papier sulfurisé
(d'environ 5 cm de diamètre)

**Préparation :** 15 min
**Cuisson :** 20 min

- Préchauffer le four à 180 °C (th. 6).
- Couper les écorces d'orange en petits dés.
- Hacher grossièrement les cerneaux de noix avec le sucre glace. Réserver.
- Dans un mixeur, mélanger le beurre, l'huile de noix, le sucre de canne et les œufs.
- Verser dans un saladier et ajouter peu à peu la farine et la crème fraîche. Finir par les dés d'écorces d'orange et le Grand Marnier. Bien mélanger.
- Déposer 1/2 cuil. à soupe de noix sucrées dans le fond de chaque caissette. Verser dessus 1 cuil. à soupe de pâte, recommencer l'opération et terminer par les noix.
- Mettre au four pour 15 min. Puis quelques minutes sous le gril jusqu'à coloration.
- À déguster refroidi avec un bon café ou un thé.

# Et aussi...

## Mousse de marron à l'huile de noix

**Pour 4 personnes.** Pour accompagner des viandes grillées : mixer ensemble une boîte de marrons au naturel, 10 cuil. à soupe de riz cuit, 4 cuil. à soupe d'huile de noix et 20 cl de crème fraîche. Assaisonner de sel et de poivre.

## Pâtes fraîches aux noix

**Pour 6 personnes.** Mixer 150 g de cerneaux de noix avec 100 g de ricotta, 50 g de parmesan râpé, 1 gousse d'ail épluchée et dégermée, 10 cl de crème fraîche, 50 g de beurre mou et 2 cuil. à soupe de persil frisé. Saler et poivrer. Réserver. Mélanger 500 g de pâtes fraîches cuites *al dente* avec 10 cl de crème fraîche chauffée. Verser les pâtes dans un plat chaud. Napper de sauce réservée.

# Ça change tout !

- Des dés de **betteraves**, des dés de **pommes**, du sel, un filet d'huile de noix et c'est parti !
- 10 cl d'huile de noix dans la préparation d'une **quiche aux noix et au cantal**, parfumée à la noix muscade.
- Irrésistible sur des **poissons grillés**, dans les **plats cuisinés au wok** ou les plats mijotés tels le **coq au vin** et le **bœuf bourguignon**.

Le goût typé de l'huile de noix relèvera également :

- du **chou rouge** râpé, des **poireaux** ou des **asperges** en salade, des **cœurs d'artichaut** ou une salade de **carottes**, de **chou blanc** râpé et de **raisins secs**
- une salade de **mâche** ou de **pissenlit** au roquefort, une salade de **cresson**, une **frisée aux lardons**, une salade de **gésiers**, une salade d'**endives** au parmesan, une salade de **lentilles** vertes du Puy tièdes
- une purée de **pois cassés**, du **chou-fleur** à l'ail encore chaud, les **féculents**
- des **œufs sur le plat** cuits à l'huile de noisette à feu très doux, des **œufs de caille** pochés
- des **ris de veau** poêlés, des **viandes grillées**
- une effilochée de **morue**, une salade de **raie**
- des crottins de **chèvre chauds** tout juste fondus ou des **fromages** frais nappés généreusement d'huile.

# l'huile d'amande douce

## j'en fais quoi ?

Ses fruits légèrement torréfiés donnent à l'huile d'amande douce une note grillée de beurre noisette, douce et parfumée. En marinade, le goût de grillé s'estompe pour laisser ressortir le parfum du fruit.

**À essayer :**

- **Vinaigrette au raifort** (pour une salade de betteraves) : 2 cuil. à soupe d'huile d'amande douce, 1 cuil. à café de raifort, 125 g de yaourt, le jus de 1/2 citron, sel (pas de poivre).

- **Sauce pour grillades** : 3 cuil. à soupe d'huile d'amande douce, 1 cuil. à soupe de moutarde à l'ancienne, le jus de 1/2 citron, du persil et du cerfeuil ciselés selon le goût, sel, poivre du moulin.

- **Marinade d'agrumes** (pour poissons ou viandes blanches) : 10 cl d'huile d'amande douce, 10 cl de jus d'orange, 5 cl de vinaigre vin vieux, 10 cl de sauce soja, 3 gousses d'ail pelées et pressées, 2 cuil. à soupe de gingembre frais râpé, poivre du moulin (pas de sel).

# Cœurs de palmiers gratinés
## au parfum d'amande

**Pour 4 personnes**
1 boîte de cœurs de palmiers (1 kg)
1 échalote
40 g de Maïzena
60 g de beurre
20 cl de crème fraîche liquide
50 cl de lait
2 jaunes d'œufs
3 cuil. à soupe d'huile d'amande douce
1 cuil. à café de curcuma
Quelques gouttes de Tabasco
Sel, poivre du moulin

**Préparation :** 30 min
**Cuisson :** 20 min

- Dans une casserole, faire revenir dans 30 g de beurre l'échalote finement hachée puis ajouter le curcuma. Bien mélanger et ajouter la Maïzena. Laisser cuire à feu très doux 2 à 3 min. Puis ajouter le lait froid et la moitié de la crème liquide en fouettant sans cesse. Saler et poivrer. Laisser bouillir 2 min. Réserver.
- Préchauffer le gril du four.
- Dans une poêle, faire revenir dans 30 g de beurre les cœurs de palmiers égouttés. Saler. Les disposer ensuite dans un plat à gratin huilé. Y verser la préparation lait-crème.
- Fouetter le reste de crème liquide avec les jaunes d'œufs et quelques gouttes de Tabasco, selon le goût. Verser ce mélange dans le plat.
- Passer sous le gril en surveillant la cuisson.
- À la sortie du four, verser l'huile d'amande douce sur le gratin. Servir aussitôt.

# Mousse de céleri à l'ail
## et à l'amande douce

**Pour 4 personnes**
1 branche de céleri
1 gousse d'ail
20 cl de crème fraîche liquide
20 cl de lait
2 blancs d'œufs
3 feuilles de gélatine (soit 6 g)
Noix muscade
Sauce au raifort
5 cuil. à soupe d'huile d'amande douce
Fleur de sel

**Matériel**
Une centrifugeuse

**Préparation :** 30 min
**Repos au frais :** 2 h

- Faire ramollir la gélatine 10 min dans de l'eau froide.
- Passer ensemble à la centrifugeuse 4 cm de céleri (en garder pour la vinaigrette) et la gousse d'ail pelée et dégermée.
- Chauffer la crème liquide et le lait pour qu'ils soient tièdes.
- Égoutter la gélatine avec vos mains, puis la dissoudre dans la crème liquide et le lait tiède. Réserver.
- Monter les blancs en neige avec 1 pincée de fleur de sel. Ajouter en fouettant 4 cuil. à soupe d'huile d'amande douce et le mélange réservé. Et pour finir 1 cuil. à soupe du jus de céleri et d'ail.
- Répartir la mousse dans des ramequins individuels. Laisser prendre au moins 2 h au réfrigérateur.
- **Préparer la vinaigrette :** passer à la centrifugeuse le céleri restant. Mélanger 1 cuil. à soupe de jus de céleri, autant d'huile d'amande douce et 1/4 de cuil. à soupe de sauce au raifort. Fouetter bien l'ensemble. Mettre au frais.
- Sortir la mousse 15 min avant de la déguster nappée de la vinaigrette et d'un peu de noix muscade râpée.

**Mon conseil**
- Servez cette mousse de céleri sur une salade composée.
- À défaut de sauce au raifort, utilisez de la moutarde de Dijon et quelques gouttes de citron.

# Mousse irrésistible
## chocolat blanc-nougat à l'amande douce

**Pour 4 personnes**
100 g de chocolat blanc
50 g de nougat blanc
100 g de beurre mou
4 blancs d'œufs
1 à 2 cuil. à soupe de lait
4 cuil. à soupe d'huile d'amande douce
1 pincée de sel

**Préparation :** 30 min
**Cuisson :** 5 min
**Repos au frais :** 4 h

- Râper le chocolat et le nougat. Les faire fondre doucement dans une casserole placée au bain-marie. Ajouter 1 à 2 cuil. à soupe de lait.
- Lorsque le chocolat et le nougat sont bien lisses, concasser grossièrement les amandes du nougat qui seraient restées entières (à l'aide d'un pilon de mortier ou d'une cuillère en bois) et incorporer le beurre mou par noisettes, en mélangeant bien. Réserver, en laissant au bain-marie.
- Ajouter la pincée de sel dans les blancs d'œufs et les battre en neige très ferme.
- Verser ensuite le mélange réservé sur les blancs en neige, en soulevant délicatement la masse pour ne pas la casser.
- Ajouter enfin l'huile d'amande douce.
- Lorsque tous les ingrédients sont intimement mêlés, verser la mousse dans des petites verrines individuelles.
- Laisser prendre la mousse pendant au moins 4 h au réfrigérateur.

# Terrine de fruits frais
## à l'amande douce

**Pour 6 personnes**
1 belle mangue
300 g de framboises
200 g de groseilles
150 g de sucre glace
200 g de poudre d'amande
200 g de beurre mou
10 cl de lait de coco
2 cuil. à soupe de rhum agricole
3 à 4 cuil. à soupe d'huile d'amande
   douce

**Préparation :** 30 min
**Repos au frais :** 1 nuit

- **La veille :** mixer ensemble le beurre, le sucre glace, le rhum, le lait de coco, la poudre d'amande et 2 cuil. à soupe d'huile d'amande douce afin d'obtenir un mélange lisse.
- Éplucher la mangue et la couper en petits dés. Réserver quelques fruits rouges pour le décor.
- Dans une terrine rectangulaire ou un moule à cake, intercaler des couches du mélange à l'amande et des couches de fruits frais et terminer par une couche du mélange à l'amande.
- Tasser bien l'ensemble.
- Couvrir de film alimentaire et faire prendre au réfrigérateur toute une nuit.
- **Le jour même :** découper la terrine en tranches de 2 cm. Décorer de quelques fruits rouge réservés.
- Arroser chaque tranche d'un léger filet d'huile d'amande douce et servir.

---

Conseil gourmand
- Servez cette terrine avec un coulis de fraise.

# Et aussi...

## Crème pour galette des rois

Mélanger 50 g de beurre mou, 40 g de poudre d'amande, 50 g de sucre en poudre, le jus de 1/2 orange, 1 cuil. à soupe d'huile d'amande douce et 1 œuf.

## Riz au lait à l'amande douce

**Pour 4 personnes**

Dans une casserole, porter 1 litre de lait entier à ébullition avec 1 cuil. à café d'extrait de vanille liquide et 100 g de sucre en poudre. À ébullition, verser 120 g de riz rond. Cuire à feu très doux pendant 1 h en remuant le plus souvent possible. Lorsque les grains sont très tendres, arrêter la cuisson. Parfumer avec 2 cuil. à soupe d'huile d'amande douce. Bien mélanger. Répartir dans 4 verrines et laisser refroidir avant de servir.

# Ça change tout !

Un simple filet d'huile d'amande douce suffira à transformer :

- un **guacamole**, un **caviar d'aubergine**
- un **mesclun** ou de la **roquette**
- une salade de **langoustines** ou de **homards**
- des **haricots verts** ou des **petits pois** tout juste cuits, des **pâtes**
- des **viandes blanches** grillées, des **côtelettes d'agneau**, auxquelles elle apportera de la douceur, de la **viande des grisons**
- un **carpaccio de noix de Saint-Jacques**
- un poisson cuit en papillote, des **rougets**, une **truite** décorée d'amandes effilées
- une **langouste** ou des **gambas grillées**
- une **crème anglaise**, un dessert à la **semoule**.

# l'huile de sésame

## j'en fais quoi ?

L'huile de sésame livre une saveur et une odeur inimitables et donne un air oriental à tous les plats. C'est aussi un ingrédient essentiel en pâtisserie autour du Bassin méditerranéen.

**À essayer :**

- **Vinaigrette au gingembre** : 2 cuil. à soupe d'huile de sésame, 2 cuil. à soupe de vinaigre de vin vieux, 1 cuil. à café de sauce soja, 1 gousse d'ail pelée et pressée, 1 cuil. à café de gingembre frais râpé, sel et poivre facultatifs.

- **Vinaigrette au yaourt** (pour assaisonner une salade de concombre) : 100 g de yaourt, 2 cuil. à soupe d'huile de sésame, 1 cuil. à soupe de jus de citron, 1 gousse d'ail pelée et pressée, sel et poivre facultatifs.

- **Vinaigrette aux graines de sésame** (pour crudités et légumes vapeur) : 3 cuil. à soupe d'huile de sésame, le jus de 1/2 citron vert, 1 cuil. à soupe de sauce soja, 1 cuil. à soupe de graines de sésame grillées, 2 échalotes hachées finement, sel et poivre facultatifs.

# Délice d'aubergines
## au parfum de sésame

**Pour 6 personnes**
1 kg d'aubergines de taille moyenne
2 citrons (jus)
Quelques rondelles de citron
2 gousses d'ail
10 feuilles de coriandre
10 cl d'huile de sésame
5 cl d'huile d'olive très fruitée
1 cuil. à café de paprika
Sel, poivre du moulin

**Préparation :** 30 min
**Cuisson :** 30 min
**Repos au frais :** 2 h

- Préchauffer le four à 180 °C (th. 6).
- Laver les aubergines et les faire cuire entières sur la plaque du four pendant 30 min en les retournant régulièrement. Surveiller la cuisson pour qu'elles ne brûlent pas.
- Les sortir du four et les passer sous l'eau froide, puis les couper en deux dans le sens de la longueur.
- Récupérer toute la chair qui se trouve à l'intérieur, puis l'écraser au mixeur avec la coriandre.
- Éplucher, dégermer et hacher les 2 gousses d'ail.
- Mélanger ensuite l'huile de sésame avec le jus des 2 citrons. Y ajouter alors le hachis d'ail. Saler et poivrer selon votre goût. Bien mélanger.
- Verser ensuite petit à petit cette sauce à l'huile de sésame sur la purée d'aubergines en mélangeant avec une cuillère en bois pour bien l'incorporer.
- Placer la préparation recouverte de film alimentaire au réfrigérateur au moins 2 h.
- Au moment de servir, faire un creux au centre du délice d'aubergines, puis arroser d'huile d'olive. Saupoudrer de paprika et décorer de rondelles de citron.
- Servir en entrée ou en apéritif, avec des tartines de bon pain.

À découvrir
- Ajouter des poivrons rouges grillés à ce délice d'aubergines.

# Bœuf mariné au sésame

**Pour 4 personnes**
1 morceau de filet de bœuf dégraissé
   de 600 g
3 cuil. à soupe d'huile d'olive

**Préparation :** 20 min
**Cuisson :** 20 min
**Repos au frais :** 1 h

**Pour la marinade**
1 petit morceau de branche de céleri
   (2 cm)
2 gousses d'ail
1/2 cuil. à café de raifort finement râpé
2 cuil. à soupe de sauce soja japonaise
1 cuil. à café de miel d'oranger
1 cuil. à café de graines de sésame
2 cuil. à soupe d'huile de sésame

- Préchauffer le four à 220 °C (th. 7-8).
- Dans une cocotte, faire chauffer à feu vif l'huile d'olive. Y mettre le filet de bœuf
  5 à 6 min pour le saisir sur toutes ses faces.
- Mettre ensuite la viande au four pendant 15 min ou plus si vous aimez la viande
  bien cuite.
- Pendant ce temps, préparer la marinade : dans un récipient non métallique, mélanger
  le raifort finement râpé, la sauce soja, les gousses d'ail dégermées et hachées, le miel
  d'oranger, le céleri finement haché et les graines de sésame.
- À la sortie du four, découper la viande en tranches très fines à l'aide d'un couteau
  pointu et bien aiguisé. Les déposer dans la marinade. Laisser refroidir, couvrir de
  film alimentaire et entreposer au réfrigérateur pendant 1 h. Retourner les tranches
  de viande à plusieurs reprises.
- Sortir la viande du réfrigérateur. Retirer les tranches de la marinade. Les arroser
  d'huile de sésame. Les laisser 10 min à température ambiante avant de les déguster
  avec du riz nature ou des vermicelles de soja, accompagnés de légumes crus (radis
  roses ou noirs, carottes, concombre…).

# Velouté d'épinard et œuf poché
## au parfum de sésame

**Pour 4 personnes**
1 kg de feuilles d'épinard
4 pommes de terre à chair farineuse
50 cl de bouillon de volaille
50 cl de lait
4 œufs
15 cl de crème fraîche liquide
50 g de beurre
1 cuil. à soupe de vinaigre d'alcool
4 cuil. à café d'huile de sésame
1 cuil. à café de noix muscade râpée
1 cuil. à soupe de graines de sésame
Sel, poivre du moulin

**Préparation :** 15 min
**Cuisson :** 25 min

- Hacher grossièrement les feuilles d'épinard.
- Dans une casserole, faire fondre le beurre et ajouter les feuilles d'épinard, puis les pommes de terre pelées et coupées en morceaux. Faire revenir les légumes 2 à 3 min.
- Mouiller de bouillon et de lait, ajouter 3/4 de cuil. à café de noix muscade râpée, saler et poivrer. Laisser cuire à petite ébullition pendant environ 20 min.
- Griller les graines de sésame à sec. Réserver.
- Porter de l'eau vinaigrée à frémissement dans une grande casserole.
- Casser les œufs un par un dans un verre et les verser délicatement à la surface de l'eau.
- Rassembler le blanc autour de l'œuf avec une écumoire. Laisser pocher 3 min, puis poser les œufs sur un linge propre plié en quatre.
- Mixer la soupe cuite. Ajouter la crème liquide et l'huile de sésame. Rectifier l'assaisonnement si besoin.
- Répartir le velouté dans des bols. Déposer au centre 1 œuf poché. Poudrer de noix muscade restante, poivrer et parsemer de graines de sésame grillées.

# Nage de mangue épicée au sésame
## et au poivre du Sichuan

**Pour 4 personnes**
4 belles petites mangues
1 citron vert (jus)
1 piment vert fort
10 feuilles de menthe
1 yaourt à la grecque nature
2 cuil. à soupe de crème fraîche épaisse
10 cl de lait de coco non sucré
2 cuil. à soupe d'huile de sésame
1 cuil. à soupe de graines de moutarde
1/2 cuil. à soupe de poivre du Sichuan
Sel

**Préparation :** 25 min
**Repos au frais :** 1 h

- Peler les mangues, retirer le noyau et les découper en gros dés.
- Les mettre dans un saladier et les arroser du jus du citron vert.
- Faire griller les graines de moutarde pendant quelques secondes à sec dans une poêle antiadhésive. Puis les concasser grossièrement.
- Couper le piment en deux, éliminer les graines et les cloisons, puis l'émincer très finement.
- Mélanger le yaourt, la crème fraîche, le lait de coco, l'huile de sésame, la moitié des graines de moutarde et le piment émincé.
- Verser cette sauce sur les dés de mangue. Saler.
- Recouvrir le saladier de film alimentaire et laisser macérer au réfrigérateur au moins 1 h.
- Au moment de servir, saupoudrer de poivre du Sichuan et du reste de graines de moutarde concassées.
- Parsemer de quelques feuilles de menthe. À déguster très frais en entrée.

# Et aussi...

## Purée de pois chiches au goût de sésame

**Pour 4 personnes**
**La veille :** faire tremper 400 g de pois chiches dans un saladier rempli d'eau. **Le jour même :** rincer les pois chiches et les faire cuire 1 h 30 à feu doux et à couvert dans une casserole largement remplie d'eau. Saler en fin de cuisson. Mélanger 4 à 5 cuil. à soupe d'huile de sésame et le jus de 2 citrons. Ajouter 2 gousses d'ail pelées et finement hâchées et du sel. Fouetter l'ensemble. Réserver. Égoutter les pois chiches et mettre de côté l'eau de cuisson. Passer au mixeur les pois chiches jusqu'à obtenir une purée. Ajouter le mélange au sésame réservé et 2 à 3 cuil. à soupe d'eau de cuisson. Bien mélanger. Laisser refroidir et mettre au réfrigérateur au moins 3 h.

Au moment de servir, faire un creux au centre et arroser de 4 à 5 cuil. à soupe d'huile d'olive. Saupoudrer de 1/2 cuil. à café de paprika et de 2 cuil. à café de persil finement ciselé. Décorer de quelques feuilles de menthe. Servir avec des pains pitas ou du pain grillé.

**Truc en plus** : prenez des pois chiches en conserve à la place des frais pour éviter les 12 h de trempage.

# Ça change tout !

Un filet d'huile de sésame donnera une note orientale à :

- une salade de **carottes**, de la **salade** ou des **crudités**, émulsionné avec du vinaigre de riz ou de la sauce soja
- une **purée de brocolis**, des **légumes tièdes**
- des **pâtes aux aubergines**, des **nouilles chinoises**, du **riz**
- un **sauté de porc**, des brochettes de **poulet**
- des **crevettes** ou des **gambas**.

# et les autres huiles
## j'en fais quoi ?

- **L'huile de pépins de raisin** :
  Neutre, elle se marie avec les autres huiles fortes en arômes. C'est la reine des marinades car elle absorbe à merveille le parfum des aromates, mais aussi de la friture car elle résiste à de très hautes températures.

- **L'huile de graines de courge** :
  Son étonnant arôme de coing et de graine grillée en fait une alliée des légumes cuits, des boudins, des volailles, des poissons d'eau douce et des pommes.

- **L'huile d'olive** :
  Incomparable, l'huile d'olive présente un fruité vert, mûr ou noir selon la maturité et la variété des olives dont elle est extraite. Son parfum se révèle mieux lorsqu'elle est consommée crue, cependant elle résiste très bien à la cuisson.

- **L'huile de noix de macadamia** :
  Un goût doux et agréable, rappelant la noix. Parfaite avec les légumes et les crudités.

# Rillettes de maquereau
## à l'huile de pépins de raisin

**Pour 4 personnes**
4 maquereaux de 200 g chacun
1 court-bouillon
1 échalote
2 cuil. à soupe de ciboulette

**Préparation :** 20 min
**Cuisson :** 15 min

**Pour la mayonnaise**
1 jaune d'œuf
2 cuil. à soupe de moutarde forte de Dijon
1/2 cuil. à café de curry en poudre
1/2 cuil. à soupe de vinaigre de vin
20 cl d'huile de pépins de raisin
Sel, poivre du moulin

- Demander à votre poissonnier de retirer les têtes et de vider les maquereaux.
- Préparer le court-bouillon dans un faitout. Le porter à ébullition et disposer les maquereaux les uns à côté des autres. Donner une bonne ébullition, puis éteindre le feu. Laisser refroidir et pocher doucement les maquereaux pour que la chair s'imprègne des aromates.
- Préparer la mayonnaise maison : dans un saladier, fouetter le jaune d'œuf avec 1 cuil. à soupe de moutarde. Saler et poivrer, puis incorporer petit à petit les 20 cl d'huile de pépins de raisin.
- Égoutter les maquereaux pochés sur une grille.
- Éliminer la peau des maquereaux et lever les filets en prenant soin de bien retirer les arêtes, puis les émietter à l'aide de deux fourchettes.
- Ajouter l'échalote hachée finement, la ciboulette ciselée, le curry, 1 cuil. à soupe de moutarde et 3 cuil. à soupe de mayonnaise. Bien mélanger.
- Ajouter pour finir 1/2 cuil. à soupe de vinaigre de vin, mélanger encore.
- Servir ces rillettes en apéritif sur des petits croûtons ou en hors-d'œuvre.

À savoir
- Pour ne pas rater la mayonnaise, il faut que tous les ingrédients qui entrent dans sa préparation soient à la même température.

# Thon grillé au gingembre,
## à l'huile de graines de courge

**Pour 4 personnes**
600 g de filet de thon
1 beau radis noir
200 g de carottes
4 tomates en grappe
4 cuil. à café de sauce soja japonaise
4 cuil. à soupe d'huile de graines de
  courge
4 pincées de fleur de sel
Poivre du moulin

**Pour la marinade**
2 citrons verts (jus)
3 cuil. à soupe d'huile d'olive
2 cm de gingembre frais
1 gousse d'ail

**Préparation :** 20 min
**Marinade :** 2 h
**Cuisson :** 3 à 4 min

- Couper le filet de thon en 4 pavés.
- Préparer la marinade : dans un récipient non métallique, mélanger le jus des citrons verts, l'huile d'olive, l'ail écrasé et le gingembre pelé et râpé. Y déposer les tranches de thon. Recouvrir de film alimentaire et entreposer au réfrigérateur pendant 2 h.
- Couper les tomates en deux, puis en tranches fines. Peler le radis noir et en couper 16 fines rondelles. Râper le reste du radis. Peler et râper les carottes.
- Faire griller les pavés de thon à feu vif 3 à 4 min en les retournant et en les arrosant de la marinade dès que le thon devient sec.
- Déposer un pavé de thon sur chaque assiette. Tout autour, intercaler des rondelles de tomate et de radis. Mélanger les carottes râpées et le reste du radis râpé. Répartir sur les assiettes.
- Arroser d'huile de graines de courge puis de sauce soja. Poivrer et parsemer de fleur de sel. Servir.

# Tendresse au pamplemousse rose
## et parfum de violette à l'huile d'olive

**Pour 4 personnes**
120 g de farine
120 g de sucre en poudre
1/2 cuil. à café de levure chimique
2 œufs
1 pamplemousse rose non traité
1/2 orange non traitée
5 cl d'huile d'olive
3 cuil. à café de bonbons à la violette

**Préparation :** 15 min
**Cuisson :** 25 à 30 min

- Préchauffer le four à 180 °C (th. 6).
- Presser 1/2 pamplemousse pour en récupérer le jus. Râper le zeste de l'autre moitié de pamplemousse et de la 1/2 orange.
- Mettre le jus et les zestes dans un saladier. Ajouter les œufs, le sucre en poudre, la levure chimique et la farine tamisée. Bien mélanger.
- Pour finir, ajouter les bonbons à la violette finement moulus et l'huile d'olive. Bien mélanger à nouveau.
- Verser dans un moule rectangulaire huilé et enfourner pour environ 30 min.
- Servir tiède ou froid, coupé en tranches.

Astuces
- Munissez-vous d'un moulin à café électrique ou d'un mortier pour moudre les bonbons à la violette.
- Délicieux accompagné d'une crème anglaise.

# Gaspacho à l'huile d'olive

**Pour 4 personnes**
500 g de tomates en grappe bien mûres
1/4 de concombre
1 poivron rouge
2 gousses d'ail
2 échalotes
1/2 citron (jus)
Quelques feuilles de basilic
2 cuil. à soupe d'huile d'olive
30 cl de jus de tomate
Quelques gouttes de Tabasco
Sel, poivre du moulin

**Préparation :** 15 min
**Repos au frais :** 2 h

- Couper les tomates en quartiers et les épépiner. Peler le concombre et le poivron rouge, les épépiner et les émincer. Éplucher l'ail et ôter le germe. Éplucher les échalotes et les couper grossièrement.
- Mettre tous les légumes dans un blender, puis les mixer par petites quantités en ajoutant l'huile d'olive, le basilic, le jus du 1/2 citron, le jus de tomate et quelques gouttes de Tabasco. Vous devez obtenir un liquide lisse et homogène.
- Saler et poivrer. Mettre au réfrigérateur au moins pendant 2 h.
- Au moment de servir, rectifier l'assaisonnement si besoin. S'il fait très chaud, servir le gaspacho avec quelques glaçons.

# Millefeuille à la fleur d'oranger
## et noix de macadamia

**Pour 4 personnes**
400 g de pâte feuilletée pur beurre
70 g de sucre en poudre
25 g de Maïzena
4 jaunes d'œufs
50 cl de lait
15 cl de crème fraîche liquide
3 cuil. à soupe d'huile de macadamia
8 noix de macadamia
2 cuil. à soupe de fleur d'oranger
Sucre glace

**Préparation :** 15 min
**Refroidissement :** 1 h
**Cuisson :** 20 min

- Dans une casserole, faire bouillir le lait.
- Dans un saladier, fouetter les jaunes d'œufs. Puis verser petit à petit, toujours en battant le sucre en poudre et la Maïzena. Lorsque le mélange est homogène, y verser le lait bouillant. Mélanger et réserver dans la casserole.
- Remettre sur le feu. Faire chauffer doucement en tournant sans cesse avec une cuillère en bois jusqu'à épaississement de la crème. La laisser refroidir.
- Écraser grossièrement les noix de macadamia.
- Préchauffer le four à 210 °C (th. 7).
- Fouetter la crème liquide. L'incorporer délicatement dans la préparation refroidie.
- Ajouter enfin la fleur d'oranger et l'huile de macadamia. Mettre au réfrigérateur.
- Dérouler la pâte feuilletée et la découper en 12 triangles. Les faire cuire au four sur une tôle huilée pendant environ 10 min. Laisser ensuite refroidir.
- Monter un millefeuille : couvrir de crème et de noix de macadamia écrasées 1 triangle de pâte, superposer un 2e triangle de pâte, étaler une 2nde couche de crème et de noix et couvrir d'un 3e triangle. Procéder de la même façon pour les trois autres millefeuilles.
- Poudrer de sucre glace. Déguster immédiatement.

# Fond de tarte salée
## à l'huile d'olive et au parmesan

**Pour 250 g de pâte**
150 de farine
2 cuil. à soupe d'huile d'olive
50 g de parmesan râpé
Sel

**Repos de la pâte :** 1 h

- Disposer la farine en fontaine sur un plan de travail. Creuser un puits et y verser au centre 5 cl d'eau, l'huile d'olive et 1 pincée de sel.
- Mélanger ces ingrédients d'une main. De l'autre, ajouter le parmesan. Travailler la pâte 2 ou 3 fois énergiquement. Humidifier légèrement la pâte si elle semble trop sèche. Former une boule et l'envelopper dans un torchon humide.
- Laisser reposer 1 h à température ambiante.

### Variations
- Remplacez la farine de blé blanche par de la farine complète ou intégrale.
- Parfumez l'huile d'olive avec de la marjolaine (origan).
- Si vous aimez une pâte relevée, ajoutez à votre huile 1 cuil. à café de piment en poudre.
- Ajoutez 1 œuf entier dans la pâte et diminuez considérablement la quantité d'eau.
- Ajoutez dans la pâte des graines de sésame, de fenouil ou de pavot.

### Accord gourmand
- Ce fond de tarte se prête à merveille à la réalisation de toutes les tartes salées à base de légumes et/ou de fromage.

# Et aussi...

## Aïoli à l'huile d'olive

Écraser 2 gousses d'ail au mortier (ou dans le bol du mixeur), en purée très fine. Dans un bol, mettre 1 jaune d'œuf, saler et commencer à verser l'huile d'olive (50 cl en tout) en fouettant au batteur électrique (vitesse rapide). À la moitié de l'huile d'olive, ajouter l'ail. Continuer de fouetter et lorsque toute l'huile a été utilisée, ajouter 1 cuil. à soupe de vinaigre. Poivrer, c'est prêt.

À servir avec de la morue pochée, des bulots, des poulpes, des pommes de terre, des artichauts, des carottes, des haricots verts... Pour ceux qui trouvent que l'huile d'olive a un goût trop prononcé, utiliser une huile neutre comme l'huile de pépins de raisin.

## Huile piquante

Chauffer le four à 240 °C (th. 8). Passer 5 min au four chaud les ingrédients suivants : 2 feuilles de laurier, 4 piments rouges et 2 cuil. à soupe de poivre noir en grains. Les introduire chauds dans une bouteille contenant 50 cl d'huile d'olive. Conserver 7 à 15 jours avant de consommer.

Bien évidemment, vous pouvez essayer avec d'autres huiles telles que l'huile de noisette, de cacahuète, de pignons de pin ou de pistache. Et bien d'autres encore...

### À essayer :

- **Marinade pour viande blanche** : 2 cuil. à soupe d' huile d'olive, le jus de 1 citron, 1 cuil. à soupe de miel, 1/2 cuil. à café de piment en poudre, 1/2 cuil. à café d'ail en poudre, sel, poivre du moulin.

- **Marinade pour viande rouge** : 1 litre de vin rouge, 5 cl de vinaigre de vin vieux, 4 cm de gingembre frais râpé, des petits légumes (poireaux, oignons, carottes...) coupés en brunoise (petits morceaux), 1 gousse d'ail, du thym, quelques feuilles de laurier, des clous de girofle selon le goût.

- **Vinaigrette** (idéale dans une salade tomate-mozzarella) : 4 cuil. à soupe d'huile de pépins de courge, 2 cuil. à soupe de vinaigre balsamique, sel, poivre du moulin.

# Index des recettes

*Les recettes suivies de (V) sont des variantes*

# Remerciements

Jean-Paul Laillet remercie **Cynthia, David, Nadine**
et **Bernard** d'ici et d'ailleurs.

Contact : jplaillet@hotmail.fr

Manuella Chantepie remercie **Olio & Farina**,
36 rue Keller, 75011 Paris, tél. : 01 48 05 61 64,
pour les flacons d'huile des pp. 4, 6, 8, 18, 26, 34, 42, 47, 50, 58, 66, 74, 82
et de la couverture.

L'auteur et l'éditeur remercient tout particulièrement Catherine Gilbert-Dijos
de **Mille et une huiles** pour son aide et ses conseils précieux
pour la réalisation de cet ouvrage.

Mille et une huiles
Route d'Eyguières, 13300 Salon-de-Provence
Tél. : 0810 406 408 – www.1001huiles.fr

Ouvrage publié sous la direction de Laure Paoli

Réalisation éditoriale : Véronique Galland
Relectures et corrections : Octavie Favory, Agnès Girard
Mise en pages : Brice Mercier

Achevé d'imprimer par Pollina

Éditions Albin Michel
22, rue Huyghens 75014 Paris
www.albin-michel.fr

ISBN : 978-2-226-18732-1
N° d'édition : 25550 - N° d'impression : L46759
Dépôt légal : mai 2008
Imprimé en France.